LE CRI D'INDIGNATION

DE

TOUS LES VRAIS FRANÇAIS,

CONTRE

CERTAINS ÉCRITS ET LEURS AUTEURS;

Haine   ou   Amour
aux deux Robérspierres.   aux Bourbons.

PARAPHRASE

De ces quatre vers de Racine, dans *Athalie* :

Où suis-je? de Baal ne vois-je point le prêtre ?
Quoi ! fille de David, vous parlez à ce traître !
. . . .
Que veut-il ? de quel front cet ennemi de Dieu
Vient-il infecter l'air qu'on respire en ce lieu ?

Par H. G. M. N. JORAND.

PARIS,

Chez { L'AUTEUR, rue de la Tixeranderie, n°. 48;
{ LE NORMANT, rue de Seine, n°. 8.

1815.

UN MOT AU LECTEUR.

J'ai vu les titres, et parcouru les pages de presque toutes les brochures qui, depuis sept mois, ont paru dans un certain sens ; j'ai entendu dans plus d'un endroit, et jusque dans des voitures publiques, des discours fort analogues à ces brochures : mon indignation s'est allumée, et *fecit orationem indignatio*. Du reste, *iste Corsicus mihi nec beneficio nec injuriâ cognitus* ; ou plutôt je me trompe, il m'a fait un mal affreux, en m'offrant quatorze années dans sa personne, l'aspect du crime heureux à un point désespérant. Et j'adjure ici tous ceux qui m'ont connu, tous ceux qui m'ont entendu pendant ces quatorze ans, de déclarer si jamais un moment j'ai varié sur son compte, même quand il était dans le plus grand éclat de ses prospérités, et au plus haut période de sa grandeur prétendue. Je les adjure de déclarer si ma constante et audacieuse énergie, en parlant de lui, n'a pas été jusqu'à faire craindre pour ma sûreté ceux qui avaient la bonté de s'intéresser à moi. J'ai jugé convenable ce petit avertissement, en voyant tous les jours les rédacteurs d'un journal s'efforcer de jeter la défaveur, et même le ridicule sur ceux qui, comme moi, pensent, parlent, écrivent sur le Corse d'une manière qui déplaît à ces Messieurs.

LE CRI D'INDIGNATION

DE TOUS LES VRAIS FRANÇAIS,

CONTRE

CERTAINS ÉCRITS ET LEURS AUTEURS.

Où suis-je ? de Baal ne vois-je point le prêtre ?

s'écriait le pontife Joad, dans un saint trans-
port de colère et d'horreur, à la vue de l'infâme
Mathan, qui, souillant de sa présence impie le
sanctuaire même, y conversait avec Josabeth
sur des objets d'une haute importance. Le souvenir des crimes encore récens de l'apostat, son
aspect odieux qui les reproduisait tous comme
en masse, sa présence qui semblait en annoncer
de nouveaux, son audace à se montrer en do-
minateur dans des lieux qui, naguères témoins
de son opprobre, ne devaient plus l'être que de
son silence ou de son repentir : tout portait et
devait porter, au plus haut degré, l'indignation
de l'homme intègre et probe qui servait avec
tant de zèle la cause de son Dieu et de ses Rois.

Mais quoi ! cette indignation, cette surprise,
cette horreur, n'avons-nous donc pas droit de

les éprouver et de les exhaler à peu près dans
les mêmes termes, nous tous Français honnêtes
et purs, qui respirons enfin, pour la première
fois depuis vingt-quatre ans, des oppressions
diverses, dont nous fûmes toujours les tristes
victimes; quand nous voyons des folliculaires,
artisans de nos maux, fauteurs et suppôts de nos
tyrans, nos tyrans eux-mêmes, sortir avec audace de la fange qui les couvre et devrait toujours les couvrir, pour venir insulter sans honte
à notre changement de sort et aux auteurs adorés
d'un si doux changement? Ah ! sans doute le
retour de l'ordre, et du bien, et de la paix, et
du bonheur, doit être insupportable à leur vue,
comme le retour de l'astre bienfaisant, qui ra-
nime la nature, importune et blesse les yeux de
ces oiseaux sinistres dont la nuit cache les plaisirs,
et dont les tombeaux répètent les voix insuppor-
tables. Mais pourquoi donc ces hiboux *déma-
gogues* et *napoléonistes* ne se tiennent-ils pas
prudemment enfoncés dans l'obscurité qui leur
sied si bien? Pourquoi viennent-ils avec impudence se produire au grand jour qui les repousse,
et attrister encore nos yeux et nos oreilles de
leur aspect et de leurs cris, quand ils devraient
se cacher et se taire pour mieux se faire oublier?
Pourquoi nous forcent-ils à nous occuper d'eux,
quand nous voudrions ignorer jusqu'à leur existence? Ils ont tout dit, tout écrit, tout fait, tout
osé, et ils ne sont pas encore satisfaits! Ils veulent
recommencer à dire et à écrire, en attendant

qu'ils retrouvent le moment de faire et d'oser comme par le passé.

Là, c'est un régicide effronté, qui, les mains encore teintes du sang du meilleur des Rois, dont il paya les bienfaits par l'échafaud, pour hériter momentanément de sa dépouille, vient insolemment s'adresser à son digne et auguste frère, pour lui prouver qu'il fit bien d'assassiner son frère, et que Louis XVIII, faisant ce qu'exigeait de sa sœur le féroce Horace, devrait sans doute élever ce bel exploit au ciel, comme pour tuer une seconde fois Louis XVI. Ici, c'est un démagogue *napoléonisé*, qui, après avoir d'abord dirigé, autant qu'il fut en lui, les couteaux et les piques des massacreurs gagés de septembre et d'octobre, ensuite servi, avec un zèle égal à sa bassesse, le tyran dépopulateur du monde, vient avec la même insolence haranguer notre Roi chéri, pour le tancer dans la personne de ses ministres, sur tout ce qui peut se faire ou ne pas se faire au gré de ce beau régulateur de nos destinées. Ailleurs, ce sont des champions intrépides et nombreux du bourreau dévorateur de la France et de l'Europe, qui, gorgés des biens et du butin que leur valut le brigandage corse, et désespérés de voir ce règne monstrueux anéanti sans retour, s'efforcent, les uns adroitement et par des voies obliques, les autres effrontément et à découvert, de rappeler avec un tendre intérêt le souvenir de leur dieu, d'appitoyer sur la chute de leur idole, et de réclamer quelque encens et quelque hommage pour l'exécrable Baal, dont ils furent et voudraient encore être si lucrativement les prêtres. Plus loin, enfin, ce sont des avocats déhontés de ces deux classes d'hommes et de leur cause, qui, prenant à tâche de censurer aigrement toutes les opérations des ministres, tandis qu'ils encensent niaisement, d'un air capable, les plus chétives productions de leurs cliens, semblent retracer ces personnages, qui, dans certaine fable, se prélassent, en outrageant leurs maîtres, et en se louant outre mesure eux et leurs semblables. Voilà pourtant ce qui se passe, où nous en sommes, quand huit mois se sont à peine écoulés depuis que, rentrés sous l'administration paternelle et adorée de nos Bourbons, nous renaissons par degrés à la vie, au bonheur, à toutes les jouissances si douces et si chères de pères, de fils, de frères, de parens, d'amis et de citoyens. Et nos ennemis implacables ne s'en tiendront pas là, soyons-en sûrs ; ou plutôt déjà les actes ont suivi les écrits, déjà nous pouvons juger ce qu'ils voudraient faire et ce qu'ils feraient si la fermeté sage et prévoyante de nos maîtres, si la vigilance infatigable de leurs ministres, si l'accord parfait et inaltérable qui règne entre les trois grands corps politiques, si l'amour exalté des bons citoyens de toutes les classes, toujours prêts à se serrer en masse autour de leurs Bourbons et à leur premier signe, ne garantissait pour l'avenir notre malheureuse patrie des attentats, des maux et des horreurs qui la déchirèrent vingt - cinq années.

Mais retournons un moment à Joad, dont la situation, en présence de Mathan, figure si bien la nôtre en présence des défenseurs hardis du Roberspierre à pied de 93 et du Roberspierre à cheval de 1813. La première pensée du grand-prêtre, à l'aspect du suppôt de Baal, se porte naturellement sur l'être odieux qui le courrouce; la seconde tombe aussi naturellement sur celle qui s'oublie au point d'écouter un apostat, et de lui répondre face à face :

Quoi ! fille de David, vous parlez à ce traître ?

dit-il à Josabeth, d'un ton mêlé de surprise et de chagrin. Avec quelle énergie, avec quelle précision tout à la fois Racine exprime la cause du mécontentement et du reproche ! Elle est tout entière dans l'antithèse de *fille de David* et de *traître*. C'est parce qu'elle est innocente et sans tache, c'est parce qu'elle est toujours restée fidèle à la bonne cause, à la cause sacrée de son Dieu et de ses Rois, qu'elle ne doit point s'abaisser à converser avec celui qui a trahi tous ses devoirs, foulé aux pieds tous les principes, pour s'attacher, avec autant de bassesse que d'avantage, au char d'une usurpatrice impie et sanguinaire.

Qu'il me soit permis d'adresser à peu près la même apostrophe à tous ces citoyens restés purs au milieu des pervers, ou chassés de leur terre natale par les poignards de 1793, ou victimes du Tibère corse en quelque circonstance, qui, n'écoutant que l'intérêt de la bonne cause, quand ils devraient aussi consulter sa dignité et la leur, entrent en lice avec ceux que je viens de signaler, en composent, pour les confondre, des écrits aussi pleins d'énergie et de raison, que d'honnêteté et d'égards. Sans doute un galant homme, même indigné, qui répond directement, pied à pied, à un écrit et à son auteur, n'oublie jamais qu'il parle à son semblable, et qu'il déshonorerait sa plume, s'il cessait d'être modéré, décent et poli. Mais c'est de répondre ainsi directement et catégoriquement qu'il est blâmable; et il me semble que ce tort saute aux yeux; il me semble que c'est mesurer ses armes contre celles d'un adversaire indigne de soi; que c'est d'ailleurs donner de l'importance, de la consistance à des objets qui n'en sauraient avoir, et dont on fait naturellement justice en les méprisant, ainsi que leurs auteurs; qu'enfin, c'est encourager l'audace et l'impudeur d'individus tarés et nuls dans l'opinion publique, incapables de faire sensation, indignes d'être réfutés ni loués, lors même qu'ils glissent des réflexions sages et utiles dans le fatras de leurs sottises politiques et *frondeuses.* C'est ainsi que, dans Sparte, on n'écoutait pas même la proposition d'une bonne loi, sortant de la bouche d'un mauvais citoyen. C'est ainsi qu'un Aristarque *feuilletonniste,* dont la nullité littéraire, ou le caractère peu estimable rendent en-

core plus indécentes la morgue et l'impertinence
qu'ils se permet dans ses critiques, même les
mieux fondées, assaisonnât-il ses sentences altières
d'autant d'esprit et de sel que certain porte-fé-
rule, de virulente mémoire, est sûr de n'obtenir
ni suffrage, ni estime, ni réponse de ses lecteurs,
parce qu'il révolte, et qu'on le méprise, lors
même qu'il a raison, et qu'on le reconnaît.

Mais qu'un mandataire du peuple, un magis-
trat, un homme de lettres estimable, un Ray-
nouard, un Suard, un bon citoyen enfin, animé
de l'amour du bien public, pressé par le besoin
de payer sa dette à son prince et à sa patrie, en
les éclairant de ses lumières, écrive et parle selon
sa conscience sur tel sujet, et dans tel sens que
ce puisse être ; non-seulement il est sûr d'occuper, d'intéresser et de plaire, mais on l'honore,
on le paie de sa reconnoissance et de son estime,
lors même qu'on ne pense ni ne sent comme lui.
Alors, on lui répond ; on s'honore aussi de lui
répondre ; la discussion éclaire la société, en
même temps que les deux parties ; une égale et
juste considération en est la compagne, et le
bien public le résultat.

Voilà donc les écrivains, et les écrits auxquels
c'est, tout à la fois, un devoir, un plaisir, et un
honneur de répliquer, quand on croit qu'ils
errent, et qu'il est bon de le prouver ; mais on
peut, on doit encore répondre à d'autres, même
aux plus petits articles de feuilles périodiques,
quand on en a le goût, ou qu'on en sent le

besoin. Je n'excepte de la guerre polémique que les acteurs et les fauteurs des deux plus horribles tyrannies qui désolèrent la France.

Ainsi, par exemple, si je lis dans un journal que telle ou telle caricature, dirigée contre tel ou tel, odieux et coupable personnage, offre le tort d'accabler, sans courage comme sans danger, des puissans abattus, je me demande, en rougissant de surprise et de colère, comment, deux jours après, un défenseur énergique de la justice et de la bonne cause, un Ch. Nodier ne relève pas monsieur le journaliste, en lui apprenant, d'une part, que c'est un genre de vengeance bien juste, bien simple, bien modéré, bien analogue au caractère français, que la caricature contre des êtres *pervers*, *infâmes ou sanguinaires*; de l'autre, qu'il y a toujours *courage et danger* dans ces caricatures-là, parce que, malheureusement, tout est possible ici-bas, comme vingt-cinq ans de vicissitudes révolutionnaires l'ont prouvé, et que les compositeurs d'une caricature sanglante, dans une hypothèse, seraient traités comme ceux de l'écrit le plus fulminant : d'où il résulte que les caricatures improuvées par le journaliste, n'en méritent pas moins l'estime et le suffrage de tous les honnêtes gens. Exceptons-en, bien entendu, la caricature obscène, et qui outrage les mœurs; celle-là ne peut jamais qu'affliger les regards, et soulever l'indignation.

Si dans le même journal un homme de lettres

en réputation, qui ne prêche que paix et concorde, part de ce principe si beau en lui-même, pour tancer les *faiseurs d'odes, de dithyrambes et d'opuscules* en l'honneur de la restauration ; pour leur imputer la bassesse d'avoir convoité des emplois et des honneurs, sans être au fond plus sincères amis de notre bon Roi ; pour rejeter sur la récente impression de tous les maux qu'on a soufferts, une exagération de haine contre le tyran corse, et pour prétendre à son tour que le désolateur de l'humanité entière doit pourtant voir respecter en lui les droits du malheur, je rougis encore d'étonnement et de chagrin, et je brûle de voir répondre ou de répondre moi-même à M. S. : que toutes les brochures en vers, et presque toutes celles en prose, faites en l'honneur de la restauration, ont été produites par l'élan du cœur, et qu'elles en portent le cachet ; qu'au surplus, un galant homme doit plutôt être enclin à trouver des causes nobles et louables d'une chose bonne et belle en soi; qu'à en controuver de viles et de blâmables; qu'on prouve assez clairement son dévouement et son amour, quand on se place irrévocablement par un écrit entre son Roi et la proscription ; enfin, qu'en supposant aux *faiseurs de vers ou de prose*, enthousiastes adorateurs de leur Roi, le désir et l'espoir d'être employés par lui et pour lui dans une place quelconque, il n'y aurait encore là rien que de juste et de naturel, parce qu'un gouvernement qui naît ou qui renaît ne saurait être entouré d'amis trop chauds et trop sûrs ; que les zélés serviteurs du brigand expulsé n'offrent guère la garantie d'une affection sincère pour nos anciens maîtres ; et qu'enfin, quand le règne des honnêtes gens recommence, ils doivent naturellement occuper les places, comme naturellement ils ne les occupaient pas sous les règnes odieux qui n'étaient pas les leurs (1). Quant aux droits du malheur à respecter dans un monstre, qui ne respecta rien au monde, je me garderais bien de répondre sur ce point à M. S., parce que je serais incapable de me posséder, et qu'avant tout il faut être civil et calme en parlant à un homme de mérite.

Enfin, sans qu'il soit besoin de recourir au service de la presse, tous les jours dans la société il se rencontre, en conversant, des occasions de réfuter des opinions erronées, de détruire des idées fausses et dangereuses, de propager des principes solides et salutaires relativement à la crise terrible dont nous sortons, et qui tient constamment les esprits dans une certaine agitation. Tous les jours un citoyen honnête, mais prévenu, un jeune homme séduit par le prestige des illusions, surtout un brave et enthousiaste

---

(1) Je pressens ici une objection : Vous défendez vivement les faiseurs de vers qui désirent des places ; n'en seriez-vous point un ? Précisément ; et pour mieux faire connaître mon désir, je l'ai exprimé, il y a six mois, à S. M., dans un placet ; et pour qu'on juge bien la *cupidité* qui me *domine*, je fais imprimer ci-après mon placet. Puissent tous les employés présens et futurs être *dominés* par la même *cupidité* !

militaire, tout en blâmant, tout en détestant les fureurs et les crimes du moderne Attila, ne peuvent s'empêcher de juger et de dire, « qu'à côté de ses crimes on trouve des vertus, qu'il eut un grand génie, qu'il fit de grandes choses, surtout en guerre, et que la passion seule peut le faire méconnaître ; que, sous lui, la France fut le plus puissant empire, et qu'aujourd'hui elle est abaissée et faible ; que le plus beau trait de sa vie fut son abdication ; qu'enfin, puisqu'il est à bas, il faut cesser de s'en occuper. »

Des vertus dans cet homme ! grand Dieu ! Peut-on profaner un si beau nom ? Mais calmons-nous, et répondons de sang froid, s'il est possible. *Sa vertu* fut l'amour, ou plutôt la passion du carnage, du pouvoir absolu, des conquêtes, et de cette fausse gloire qui fait ruisseler les pleurs de l'humanité avec son sang. Il eut du génie, sans doute ; mais ce fut le génie du mal, développé par une activité prodigieuse ; ce fut le génie de Lucifer animant une tête salpêtrée. C'est avec ce beau génie qu'il créa, organisa, perfectionna son monstrueux système des masses d'hommes armés, qui lui fit écraser tous les peuples de l'Europe, tant que leurs Rois ne s'entendirent ni ne l'imitèrent, mais qui devait nécessairement aboutir à l'écraser lui-même, quand enfin ils s'entendraient et l'imiteraient. Est-donc donc là le vrai génie, le vrai talent du guerrier ? Non ; le véritable art de la guerre consista toujours à faire de *grandes* choses avec de *petits* moyens ; à défendre beaucoup de terrain avec peu de troupes, à camper, décamper, faire des marches, des contre-marches, donner le change, assurer ses subsistances, priver l'ennemi des siennes, prendre des places, faire lever des siéges, à tout calculer, tout prévoir, tout parer, tout co-ordonner ; surtout à savoir *faire des retraites*, et par-desssus tout encore, à ménager soigneusement le sang des hommes. Ainsi firent les Turenne, les Condé, les Villars, les Moreau, les Pichegru, les Eugène, les Malborough ; ainsi fit Wellington ; et voilà mes héros (1).

Mais les résultats extraordinaires que le Corse obtint avec ses masses, ils n'offrent d'étonnant que la constance des peuples à se laisser accabler durant quatorze ans, sans voir ce qu'ils avoient à faire pour accabler à leur tour. Pour lui, il conduisait des Français, il les conduisait par huit ou dix corps d'armée ; il était secondé par d'ex-cellens capitaines ; il était aussi dépourvu de magasins que d'humanité ; il lâchait sur le sol ennemi son demi-million de braves, sans paie, sans vivres, souvent sans effets d'habillement,

----

(1) Autre exclamation ici : Monsieur est anglomane ! Non, mais *anglophile*, depuis que l'Angleterre nous a si précieusement conservé nos Bourbons, et qu'elle a si puissamment contribué à nous délivrer de notre fléau. Un de ces puissans moyens fut le bras de son Wellington ; c'est mon héros, je le répète, et l'on connaîtra mieux encore tous mes sentimens pour lui en lisant ci-après la lettre que j'eus l'honneur de lui écrire aussitôt son arrivée à Paris, auprès de notre bon Roi.

et il leur disait : Allez, foncez, tuez, pillez, volez, violez, et vainquez, vous aurez l'épaulette et la croix : et ils avaient la victoire, et vingt sur cent la payaient de leur vie, et dix sur cent recueillaient le salaire, et tout le reste voyait le bonheur suprême dans la victoire ou la mort. Quand il avait envahi un pays, il l'épuisait; les nuées d'employés de toute espèce, attachés soit à sa propre maison, soit à l'une de toutes celles qui suivaient la sienne, soit à une branche quelconque de l'administration militaire, tout, du plus petit au plus grand, faisait sa main; toute l'armée dévalisait les particuliers, pendant que le chef dévalisait le souverain; une paix plâtrée terminait la campagne, pour ne durer que jusqu'au besoin d'une nouvelle iniquité; cette campagne valait des cent millions de francs au maître, des mille pistoles aux valets; le maître devenu dieu, et les valets devenus matadors regardaient le fruit de leurs rapines comme de l'argent bien acquis, gagné avec peine, avec honneur; et toutes les trompettes de la renommée sonnaient pour exalter le grand homme, et le bon temps à qui l'on devait de si belles choses.

Tout cela fut sans doute extraordinaire, inouï, gigantesque; mais rien de tout cela ne fut grand; parce qu'il n'y a de véritablement grand que ce qui est en même juste et bon, parce que l'ami de la vertu rougirait de voir la grandeur où n'est ni la justice, ni la bonté, ni la sagesse, ni la raison, ni l'humanité.

Quant aux travaux divers et nombreux qu'il fit faire , on peut bien l'en louer, soit , mais non pas l'en bénir, ni l'absoudre de ses crimes par compensation. Des chemins ouverts, des canaux creusés , des ponts jetés sur des fleuves , des palais , des fontaines et des colonnes , élevés pour embellir une capitale , ne font pas le bonheur des hommes , surtout quand ils sont dus à l'or, et au sang et aux larmes de tous les peuples ; et si l'embellissement d'une capitale était un titre de gloire qui couvrît des forfaits , autant vaudrait dire que Néron, après avoir brûlé et vu brûler avec délices la première ville du monde, se rendit recommandable à la postérité, en la faisant rebâtir plus belle qu'auparavant. En lui accordant le mérite d'avoir laissé des monumens utiles , quelques institutions et un code de lois encore plus utiles, ce mérite réel, mais le seul qu'il eut jamais, ne saurait ni effacer ni pallier la série de ses attentats contre d'Enghien , Pichegru , Moreau , le Pape , l'Electeur de Hesse , la Reine d'Etrurie , les Rois d'Espagne , dix autres souverains , et mille particuliers divers ; ses fusillades secrètes, ses *embastillemens*, ses fourberies , son despotisme, et les torrens de sang et de larmes qu'il fit couler, sans pouvoir s'en rassasier. Enfin , quand on m'aura lâché les grands mots de victoires, triomphes, conquêtes , gloire militaire , force , puissance , richesses , luxe , grandeur, éclat politique , j'y répondrai par ceux de justice , morale , équité , raison , bonté , sagesse , humanité, bonheur des humains. Tant pis pour mes lecteurs et pour mon siècle si ces derniers mots ne sonnent pas plus fort et plus clair à l'oreille que les premiers !

Vient la comparaison de ce que fut la France sous son tyran, à ce qu'elle est aujourd'hui ; et la conclusion que l'on s'efforce d'en tirer n'est que ridicule à force d'être injuste : car, à moins de se mettre sur les yeux un triple bandeau pour ne pas voir, il est impossible de ne pas reconnaître que cet homme seul causa la réduction de la France, comme le ravage des provinces du Nord et de l'Est ; que sa politique oppressive de tous les peuples, les ayant à la fin nécessairement soulevés et réunis contre nous, c'est à lui seul qu'il faut imputer d'abord nos désastres, ensuite notre rentrée dans nos anciennes limites. Où se trouvaient les armées alliées, où se trouvaient les nôtres, où en étaient les choses enfin, quand notre bon Roi nous fut rendu ? a-t-il ou n'a-t-il pas trouvé la France envahie de toute part ? est-il ou n'est-il pas rentré dans une capitale soumise et occupée ? C'est par considération pour lui seul, que nos vainqueurs nous ont rendu une patrie ; c'est à lui seul que nous devons d'être encore Français : sans lui nous serions passés du joug d'un Corse sous celui de nos ennemis ; ou en supposant que l'on eût même traité avec le désolateur du Monde, on l'eût fait à des conditions si dures, avec des précautions si acerbes, qu'il n'eût pu désormais désoler que la pauvre France elle-même ; et Dieu sait comme il l'eût fait ! On aurait gardé nos colonies, nos places fortes, exigé des impôts énormes, resserré nos limites du double, accablé notre énergie nationale sous un joug de fer, reculé de plus d'une génération la reprise de notre ancien rang politique : Grâce à notre Louis-le-Désiré, grâce à l'éclat de son nom, de ses malheurs, de ses vertus, la France est encore aujourd'hui un Etat respectable et respecté, fort de l'union de tous les vrais Français avec leur bon père, riche de presque toutes ses colonies, tenant avec dignité son rang parmi les autres nations de l'Europe, attendant avec confiance du temps, de son courage, de son industrie, et de l'administration paternelle de son Roi, une amélioration progressive dans toutes les parties de sa situation. Lequel des deux souverains mérite les malédictions, lequel mérite les bénédictions de cet âge et de ceux qui doivent le suivre ?

On veut que l'abdication du Corse soit un beau trait de son âme généreuse ! On veut le prendre niaisement au mot, quand il a dit dans le préambule de cette abdication, qu'il se retirait, dès qu'il était sûr qu'on n'en voulait qu'à lui seul. Mais bon Dieu ! il a donc cru les Français dépourvus de sens et de mémoire, ou il l'était entièrement lui-même quand il écrivit cela ? Mais il y avait déjà deux mois et demi d'écoulés depuis que le fameux double Moniteur avait révélé à toute la France ces manifestes attérans, où les rois alliés, tout en le relançant dans ses propres Etats, qu'ils allaient envahir, répétaient de la manière la plus énergique cette déclaration précise, qu'ils n'en voulaient qu'à lui seul, fléau de la terre, et non au peuple français : et il ne le savait pas ! Est-on plus impudent ou plus extravagant ? Et quand il s'efforça de sacrifier toute la brave garde nationale parisienne, dont les trois quarts étaient des pères de famille, en faisant répandre par ses vils agens dans cette cité, le matin du 30 mars, qu'il fallait soutenir, qu'il arrivait, qu'il arrivait avec cent mille hommes ; tandis que le pauvre homme se trouvait acculé sur Fontainebleau par une bien petite portion de cette armée terrible, qu'il avait cru, suivant ses expressions si bêtes, *prendre en flagrant délit*, et détruire *ad unum !* Et quand il fit la promesse atroce du pillage de Paris pendant quarante-huit heures, pour les électriser, aux cinquante mille défenseurs qui lui restaient, et qui criaient comme des forcenés : *Paris ! Paris !* dans le moment où sa déchéance lui fut signifiée ! ! Et quand il essaya dans son dernier accès de rage expirante, de faire sauter la poudrière de Grenelle, pour punir au moins une partie des Parisiens, de ce que tous n'avaient pas voulu périr pour lui ! ! ! ! Sont-ce encore là des traits marquans de sa belle âme ? Ah ! si le misérable avait pu percer de Villejuif, où il était accouru déguisé le matin de la fatale journée, jusque dans les murs de cette capitale, qui n'avait pour la défendre contre deux cent mille hommes de troupes choisies et victorieuses , que trente mille citadins braves , mais non aguerris ni instruits , comme il eût à l'instant déployé et organisé des moyens de défense désespérés! Comme il eût ordonné d'enlever les pavés des rues pour les jeter des greniers , de tirer des maisons crenelées , de se défendre de rue en rue , d'y faire des coupures , d'abattre à coups de canon , ou de faire sauter par la mine des quartiers entassés d'hommes , de femmes , de vieillards et d'enfans ! Comme trois ou quatre cent mille personnes de tout âge et de tout sexe , livrées sous ses yeux et par son ordre à toutes les horreurs d'un sac effroyable , égorgées, mitraillées , violées , brûlées, ensevelies sous les décombres , immolées à sa rage, et mêlant leurs affreux hurlemens au vacarme de l'artillerie et de la mousqueterie , eussent précédé cette même abdication, et en eussent tempéré l'amertume dans son âme féroce ! Voilà les marques de bonté qu'il eût laissées aux Parisiens pour adieux ; et si le *voluntas pro facto* est un principe incontestable , je laisse à décider l'espèce de reconnaissance qu'ils lui doivent tous.

« Mais enfin il a cessé de régner et de nuire ; il a été décoré de la pourpre impériale, il mérite des égards ; il faut le laisser et se taire.» C'est encore là, selon moi , une des idées les plus fausses et les plus révoltantes que l'on puisse soutenir et répandre : elle ne tend à rien moins

qu'à gratifier d'un brevet d'impunité les rois pervers. Si le sceptre et la couronne , par cela seul
qu'on les porta, mettent les plus grands scélé-
rats à couvert des jugemens de l'histoire et de
la postérité , on frémit de penser à ce qui doit
en résulter pour la pauvre espèce humaine ; et
il est clair que l'histoire n'en dirait rien, si les
hommes de leur temps n'en parlaient pas. Mais
heureusement un principe aussi étrange fut et
sera toujours repoussé par la saine raison, comme
par la volonté des peuples. Les potentats sur
leur trône relèvent du tribunal terrible et imper-
turbable de l'opinion publique ; les contempo-
rains instruisent la cause, la postérité la juge,
et ce jugement est la plus belle récompense, ou
la plus terrible punition : cela doit être ; cela fut et
sera toujours. Ainsi la mémoire de nos Louis XII,
Henri IV, Louis XVI et Louis XVIII arrivera
jusqu'à nos derniers neveux , couverte de gloire
et de l'amour des Français; ainsi celle de Tibère,
de Tamerlan, de Thamas-Kouli-Kan, de Buona-
parte, passera jusqu'à la fin des siècles , couverte
de fange et de l'exécration des hommes. Voilà
ma réponse à tout ce que l'on ose dire en faveur
du Corse , et je doute qu'on y réplique rien de
solide ni de satisfaisant.

Il n'est pas rare encore, et il est bien plus
pardonnable , que des habitans malheureux des
pays dévastés par la guerre, l'âme encore na-
vrée de tous les maux qu'ils souffrirent ; de
toutes les pertes qu'ils éprouvèrent, s'occupent

et occupent les autres de leurs plaintes acrimo-
nieuses, plutôt que du fortuné changement auquel aboutirent tant de calamités! Il est si juste,
il est si naturel de gémir quand on a souffert,
de regretter ce que l'on perdit, d'imputer même
à des causes erronées des maux trop réels et
trop récens! Ah! plaignons, écoutons, conso-
lons, caressons dans leur douleur nos compa-
triotes maltraités par le sort : ils sont nos frères,
et ils furent malheureux; leur souffrance est la
nôtre, leurs larmes ont droit d'exciter nos
larmes. Mais, après avoir accordé les premiers
momens à la nature, qu'ils donnent avec nous
les suivans à la réflexion et au raisonnement ;
disons-leur avec l'accent de la vérité et du
sentiment : Victimes infortunées des chances de
la guerre, dont un seul homme alluma et ali-
menta les torches durant quatorze années, vous
avez cruellement éprouvé les effets de ce fléau
dévorateur, et nous en gémissons comme vous;
mais accablons donc tous ensemble du poids de
notre haine et de nos malédictions, le brigand
roi, qui par son infatigable cupidité, par sa
soif insatiable du sang et des conquêtes, attira
sur notre patrie le déluge de maux dont il avait
inondé l'Europe avant nous; n'imputons qu'à
lui seul ces maux désolateurs; bénissons la Pro-
vidence d'avoir enfin brisé l'instrument de notre
calamité; voyons d'un œil d'amitié ces peuples
voisins, long-temps si malheureux par nous, et
aujourd'hui si heureux avec nous ; voyons d'un

œil de gratitude cet Alexandre et ces Rois qui,
pouvant exercer sur la France en lambeaux
une vengeance aussi douce que juste, en trou-
vèrent une plus digne d'eux à nous rendre la
paix, une patrie, nos Bourbons et le bonheur;
enfin, pour mettre le comble à notre consolation, arrêtons souvent et long-temps notre pensée
sur cette suite d'inductions incontestables : sans
doute il est affreux d'avoir été dévasté par
les cosaques; mais point de cosaques, point
d'Alexandre ; point d'Alexandre , point de
Louis XVIII; point de Louis XVIII, point de
bonheur en France pour les vrais Français.
Ceci me paraît aussi clair qu'un axiome de géo-
métrie.

Voilà toutes les circonstances, toutes les occasions, où il est bon, louable, essentiel même
de prendre la parole ou la plume, pour confondre, réfuter ou ramener des esprits pré-
venus, faux, ou aigris ; mais les partisans et les
suppôts des deux Robespierre, encore un coup
leur répondre, c'est s'avilir ; s'en occuper, c'est
une fatigue ; haine, mépris et silence, c'est tout
ce qu'on leur doit, tout ce qu'ils doivent recueillir.

Ou du moins, si l'indignation qu'ils excitent,
force invinciblement notre bouche à s'ouvrir,
il n'en doit sortir que des exclamations à peu
près semblables à celles de Joad contre Mathan. Racine lui fait dire :

Que veut-il? de quel front cet ennemi de Dieu
Vient-il infecter l'air qu'on respire en ce lieu ?

Disons en y changeant deux ou trois mots :

Que veulent-ils? pourquoi ces ennemis des hommes
Viennent-ils infecter l'air des lieux où nous sommes ?

En effet, je le répète, pourquoi viennent-ils encore se produire à nos regards, quand nous ne demandons qu'à les oublier, et quand ils ont tant d'intérêt à ce qu'on les oublie ? Ne nous ont-ils point assez fait de mal ? N'avons-nous point assez gémi sous leurs oppressions diverses? Puisqu'ils sont à l'abri de toute recherche, et pour leurs discours, et pour leurs écrits, et pour leurs actions ; puisqu'ils n'ont rien à craindre, ni pour leurs personnes si peu estimables, ni pour leurs fortunes si mal acquises, ni pour leur liberté dont ils firent un si mauvais usage, ni pour leur honneur qui n'a rien à perdre ; qu'ils jouissent de tout leur avantage, qu'ils aient la bonne foi de le sentir, et qu'ils nous laissent en repos!

Mais non : l'audace incroyable de leur caractère, et le besoin constant qu'ils ont de nuire, les portent à s'agiter en tous sens, pour se reproduire sur la scène du monde, y jouer un rôle, y dominer, la troubler, et ressaisir au moins une partie quelconque de leur autorité, de leur influence ancienne et perdue sans retour.

Ecoutons d'abord les immortels Coryphées de 93 ; ces nobles héros des grandes journées du 20 juin, du 6 octobre, du 2 septembre, du 21 janvier; ces illustres membres de ces Comités si *Salutaires*, si *Surveillans* pour la précieuse *Régénération* de la France; ces Dieux tout-puissans de la *Sainte Montagne*, d'où partaient tant de foudres vengeresses, pour écraser tout ce qui n'était pas *saint* comme Elle. «Nous voici, disent les uns au digne successeur du meilleur des Rois et des hommes; arrêtez sur nous vos regards. Nous avons condamné votre frère à mort, et nous le devions, et nous recommencerions au besoin ; la nation le voulait ainsi, elle eut raison aussi bien que nous : hâtez-vous de le reconnaître, et gardez-vous de nous voir de mauvais œil. » « Nous te dénonçons, citoyen Roi, diraient volontiers les autres, dix abus pour un de ton autorité : tes ministres, *ou toi*, parlez de Grâce de Dieu, et non pas de Volonté du peuple ; tes ministres, *ou toi*, faites garder le palais où tu résides par d'autres que par la garde de Napoléon; tes ministres, *ou toi*, au mépris de ta promesse de pardonner le passé, avez renvoyé des places les fameux Votans et certains autres Personnages ; tes ministres, *ou toi*...... Arrêtez, misérables, et que vos discours cyniques cessent de torturer nos oreilles. Quoi ! les élémens même de votre langue politique, aussi barbare que vous, vous ne les avez point oubliés ! Vous venez, avec un front d'airain, vous en servir encore en parlant à notre Auguste Monarque; vous voilà redevenus *dénonciateurs !* Que ne faites-vous revivre aussi les beaux mots d'*aristocrates*, de *suspects*, de *montagnards*, de *sans-cu-lottes*, etc. etc. ? Aucun de ceux-là ne saurait être plus réprouvé que celui de *dénonciateur*, et vous le reproduisez ! Sommes-nous en 93, ou en 1814 ? La tête tournerait à moins, en vérité ; mais, grâce au ciel, nous sommes bien à la fin de 1814, sous le règne fortuné et tutélaire de notre Louis-le-Désiré, et l'on peut vous dire : O les plus auda-cieux et les plus impudens des Régicides, est-il possible qu'au lieu de gémir et de pleurer sans cesse sur votre effroyable crime, vous veniez vous en *glorifier* encore au bout de vingt-deux ans, et que vous prétendiez associer la nation entière à cette gloire parricide ? Quoi ! lorsque tous les gens honnêtes et vertueux en France, courbés sous votre sanglante verge, immobiles de stupeur et d'effroi à la vue de votre hache révolutionnaire, que vous faisiez promener par-tout en triomphe, après en avoir fait l'essai sur votre Roi, n'avaient plus de recours que dans les larmes, les gémissemens, les sanglots, et les prières secrètes au Dieu de toute justice, pour qu'il vous foudroyât ! lorsque l'on doutait presque de son existence, puisque le matin on n'était pas sûr de passer chez soi sa journée, ni le soir d'y passer sa nuit, et que l'on faisait en deux sauts le chemin de sa maison dans vos cachots, et de vos cachots à la mort ! lorsque le seul sentiment qui existât alors dans toutes les âmes saines et pures était celui de la pitié pour les victimes et de l'exécration pour les bourreaux ! lorsque l'intérieur de toutes les familles ne retentissait que de malédictions et d'imprécations contre vous et vos forfaits ! vous prétendrez qu'alors la nation applaudissait au plus affreux de tous, à votre Régicide ! vous prétendrez qu'aujourd'hui même cette nation, revenue sous la main paternelle du trop généreux frère de votre grande victime, que ce frère lui-même y applaudisse encore ! Ah ! c'en est trop ; votre vraie place est à Bicêtre, et c'est trop vous faire honneur que de vous répondre comme à gens ayant leur bon sens. La fièvre chaude, qui embrasa vos veines pour le malheur de vos semblables, vous agite encore ; et après avoir tant fait couler le sang de vos frères, vous auriez besoin qu'un docteur en chirurgie retranchât le superflu du vôtre.

« Et cet autre donc, qui ne veut pas plus de Grâce de Dieu en 1814 qu'en 93 ! Cela n'est-il pas plaisant ? Ne semble-t-il pas que nous rétrogradions de vingt-deux années ? Et quand donc cette Grâce, depuis qu'il y a dans le monde des vicissitudes et des révolutions, s'est-elle signalée d'une manière plus frappante, que dans cette grande conjoncture ? Quand donc a-t-on vu, en faveur de la justice et de la vertu presqu'anéanties, contre le crime heureux et tout-puissant, un coup du ciel plus marqué, plus foudroyant ? Que l'on parcoure les annales de tous les peuples, on n'en verra nulle part un plus éclatant exemple : et les incorrigibles de 93 préfèrent encore aujourd'hui la Volonté du peuple sans la Grâce de Dieu, à la Grâce de Dieu sans la Volonté du peuple ! Ils sont fous, la chose est claire.

» Ils le sont moins, quand ils ne veulent pas pour Louis XVIII d'autre garde que celle de Napoléon. Cela se conçoit très-bien : mais tout ce qu'il y a de Français vraiment dignes de ce nom par leur amour pour leur Roi, s'en reposent entièrement sur lui pour le choix des heureux gardiens de sa personne auguste ; c'est un dépôt si précieux et si sacré, qu'il ne saurait être en des mains trop fidèles et trop pures ; et si un ou deux mille hommes de cette nation probe qui nous touche sont entrés dans cette noble garde, tous ses autres corps sont bien composés de Français, et de Français dévoués à leur Père jusqu'à la mort ; et ils seraient au besoin secondés par toute cette Garde Nationale Parisienne, aussi honorablement distinguée des Bourbons qu'elle est digne de l'être, et par toutes les autres du royaume, qui rivalisent avec elle d'amour, de dévouement et de zèle pour s'en faire distinguer aussi.

» Enfin, c'est un tort grave et une infraction à la promesse de pardonner le passé, que d'avoir renvoyé des places les assassins de Louis XVI, et certaines créatures de Napoléon » ; car remarquons que cet homme a ses plus chauds défenseurs parmi les Illustres de 93, et cela va de soi. Voilà donc ce qu'ils ont le courage d'écrire et soutenir ! voilà ce que l'on est réduit à lire et réfuter ! Ainsi, quand un grand criminel obtient sa grâce de la bonté de son souverain, il est en droit de prétendre qu'il doit redevenir tout ce qu'il était, ou qu'il n'est point *gracié !* Ainsi, des hommes souillés d'affreux forfaits, et quelques-uns du plus affreux de tous, dont le partage devrait être la réclusion, la déportation ou la mort, osent bien ne pas se trouver contens d'une impunité sûre ! Ils osent se trouver punis, dès qu'ils ne restent pas aux postes qu'avait gagnés leur bassesse ou leur perversité ! Poussa-t-on jamais à ce point l'impudence ?

La bouche de Louis-le-Désiré est le temple de la Bonne-Foi, comme son cœur en est le sanctuaire; sa Parole est sacrée, comme celle de Dieu même, et loin de moi l'idée criminelle qu'il y soit jamais porté la moindre atteinte ! Mais quelle est-elle cette parole sacrée du meilleur des Rois? Elle est écrite sur ce Monument éternel de sa belle âme et de ses idées vraiment libérales, dans cette Charte tutélaire qui garantit à jamais notre bonheur, et que nous devons à sa royale munificence. Elle dit, que nul ne pourra être recherché pour actes, votes, etc., antérieurs à la restauration. Mais *rechercher* est donc pour ces messieurs, synonyme de *laisser sans place !* Il y a donc *recherche* contre les Coryphées coupables du dernier gouvernement et de ceux qui le précédèrent, dès qu'on ne leur conserve pas, outre leur vie, leur fortune et leur liberté, les emplois et les honneurs qui payaient leurs crimes ! Il y a donc *recherche* contre les fameux Votans, dès qu'ils ne siégent plus dans les deux Chambres, aux ministères, et jusqu'à la table même du Monarque dont ils ont égorgé le frère infortuné ! Quelle logique et quelle modestie !

Messieurs, si criminels que vous ayiez pu être, vous ne serez jamais ni *recherchés* ni *punis;* l'avenir est à vous, et le passé n'appartient plus qu'à l'histoire ; ce tribunal n'est pas bien terrible pour vous, ou plutôt il est nul : votre bonheur est donc aussi grand qu'inespéré ; bénissez la main qui vous l'assure, et cessez de crier à l'injustice, non-seulement avec insolence, mais de plus avec une mauvaise foi risible, puisque les trois quarts des places, au su de toute la France, sont restés à ceux qui les avaient; et certes, j'étais loin de m'attendre à cela, moi tout le premier qui ai l'honneur de vous parler. J'avais pensé, lors de la fortunée Restauration, qu'enfin je verrais expulser des emplois tous les Suppôts et Valets du Tyran, avec tous ces nobles Fils de la Révolution, qui se sont toujours, depuis vingt-quatre ans, si bien maintenus dans les places, (en retournant leurs habits à propos et avec une merveilleuse dextérité) qu'elles sont comme devenues leur propriété. Il me semblait, et il me semble encore, que *sauf les exceptions,* puisqu'il y en a toujours, ceux-là ne sont guère dignes de servir nos Bourbons, qui ont servi avec tant de charme, de zèle et d'avantage, la Convention, le Directoire, et surtout le Corse. Enfin, je déclare sans sourciller, que si j'étais le maître, j'y regarderais de bien près, pour accorder les honneurs de *l'exception* à un sujet de ces trois classes-là; et de bien plus près encore, si le poste à confier se trouvait dans la maison et rapprochait de la personne de nos Bourbons. Mais, au surplus, sur ce point, comme pour la garde de mon Roi, je m'en repose, avec tous les bons Français, sur sa profonde sagesse, sur ses rares lumières; je révère humblement avec eux tout ce qu'il a cru, croit et croira devoir faire, et je me borne à souhaiter, dans toute l'ardeur de mon âme, qu'il soit toujours, lui et son auguste famille, aussi bien servi qu'il mérite de l'être.

Pour vous, MM. les défenseurs de Napoléon, je vous le dis sans fard, votre Dieu m'inspire, s'il est possible, encore plus d'aversion que ceux même de la Montagne Sainte; et la raison en est simple : c'est qu'en comparant les deux tyrannies l'une à l'autre, on trouve des motifs d'anathème plus prononcés encore contre la dernière que contre la première; c'est qu'au plus fort des scènes effroyables de la révolution, au milieu de cet appareil sanglant de terreur et de mort, qui glaçait les esprits en déchirant les cœurs, il restait toujours une lueur d'espoir dans les âmes anéanties : tandis que, sous la verge presque aussi sanglante, mais si fermement, si habilement tenue et balancée sur toutes les têtes

par le Corse, on sentait, en maudissant toujours
plus sa puissance, qu'elle devenait toujours aussi
plus indestructible. En 92, 93 et 94, c'était un
troupeau de Tigres démuselés et en furie, qui
faisaient leur proie de tout ce qui tombait sous
leurs griffes et leurs dents, sans règle comme
sans besoin, sans pitié comme sans prévoyance :
de 1800 à 1814, ce fut un Lion de plus en plus
avide, mais calculateur; de plus en plus féroce,
mais astucieux; qui, distribuant dans le temps,
et avec une sagacité rare, toutes les parties de
son plan de devastation, dévasta, égorgea, dé-
vora, et se fit toujours, comme celui de
La Fontaine, remercier de *l'honneur qu'il faisait*
à ses innombrables victimes. En 92, 93 et 94,
c'était un simulacre de gouvernement sans
ordre, sans loi, sans forme; stupide et féroce
tout à la fois; une anarchie risible, si elle eût
été moins atroce; menaçant d'engloutir la France
entière, mais non pas les autres nations, et por-
tant avec elle son germe de destruction, par
cela même que les dévorateurs d'hommes se
dévoraient aussi : de 1800 à 1814, ce fut un système de tyrannie basé, organisé, coordonné
avec un art progressif et désespérant; ce fut la
perfection désolante du despotisme; une com-
position hiérarchique de pouvoirs oppressifs,
aboutissans tous dans la main du Monarque uni-
versel, pour disposer *ad nutum* des personnes
et des choses, pour parvenir à faire du monde
entier des espèces de troupeaux de bêtes, sé-

parés par parcs, et appartenant tous au même pâtre. En 92, 93 et 94, les monstres qui dépeuplaient la France étaient des frénétiques, vus comme tels par eux-mêmes, aussi bien que par leurs victimes, inspirant encore plus de mépris et de dégoût que de haine et d'horreur, et laissant aux millions de malheureux qui attendaient leur tour, la consolation de l'adage : *Quidquid violentum non est durabile :* de 1800 à 1814, le monstre qui dépeupla l'Europe fut un enragé, dont la fureur toujours croissante, mais environnée d'un prestige toujours plus éclatant, aurait fini par faire voir à des millions de benêts ou d'intéressés un Mahomet dans un Don-Quichotte, et qui, excitant bien l'horreur et la haine, mais encore plus le désespoir et l'effroi de toute la partie saine de la nation, était parvenu à un tel degré de force et de puissance, que le *digitus Dei* seul pouvait en délivrer la terre.

Jugez donc de ce que j'éprouve, quand je vous entends encore aujourd'hui louer, exalter, sans mesure et sans pudeur, celui dont vous pleurez la perte; quand je vous entends, surtout, lui décerner encore le nom de Grand homme, et prétendre que nos neveux verront en lui un Grand homme malheureux, dont la catastrophe a trop puni les erreurs.

Il est donc malheureux à votre sens, cet être sorti de la fange, et long-temps Roi du continent, lorsqu'après avoir fait aux hommes,

pendant quatorze ans, tout le mal que purent en-
fanter son âme perverse et son génie créateur en
ce point, il s'est retiré avec un salaire annuel
de six millions, avec un reste de cette sou-
veraineté qui lui fut si chère, dans une île située
sous un ciel enchanteur, où l'attendaient en foule
tous les plaisirs du jeu, de la table, de la dé-
bauche, d'une cour qui le flagorne, des fêtes
qu'il y donne, et surtout de la chasse des bêtes à
défaut de celle des hommes ! On rirait de pitié
sur vos absurdités, si l'indignation ne l'empor-
tait sur l'autre sentiment.

Enfin, dites-vous, c'est un grand homme, et la
postérité le reconnaîtra pour tel!! Non : ce misérable ne fut et ne sera jamais un grand homme : un
titre aussi flatteur, une dénomination aussi belle
ne sera point le partage d'un fou méchant qui
n'aima que la guerre et ses horreurs, qui boule-
versa l'Europe pour la gouverner, qui regarda les
humains comme du bétail créé pour son profit et
ses menus plaisirs. Vous pourrez l'entendre ou
le faire nommer ainsi par une foule de jeunes
gens dont l'esprit faux et superficiel s'éblouit
facilement du clinquant de la fausse gloire, et
qui trouvaient *grand* de donner des lois au Monde ;
quand ils n'en recevaient même plus de leurs
père et mère; ou par un bon nombre de ces sol-
dats qui déshonoraient les armes françaises par
leurs excès en tout genre, et croyaient, d'après
deux vers de certaine comédie, que *servir dans
les combats* le *grand* conducteur de masses,

c'était *effacer tous les torts de sa vie ;* ou par ces né-gocians modernes, qui, grâce au fameux système, si bêtement nommé continental, ayant long-temps gagné les écus, comme nos pères gagnaient les sous, ont aisément pris l'habitude de ces douces moissons de pistoles, qu'ils devaient au *grand* monopoleur, et sont tous prêts à crier que le commerce ne va plus, parce que ses bénéfices sont plus que raisonnables ; ou enfin par tous ces satrapes, petits et grands, si bien engraissés du suc qu'ils ont extrait de toutes les rapines de leur doux maître, redoutant de voir s'écouler, dans leur luxe insolent, ce qu'ils appellent *leurs épargnes*, et frémissant de n'avoir plus à recueillir, des mains du *grand* distributeur, l'or, les di-gnités, les places, pour prix de leurs crimes, ou de leur silence : voilà tous les êtres par qui vous pourrez l'entendre ou le faire nommer Grand homme ; mais tout ce qui pense et raisonne bien, tout ce qui pensera et raisonnera bien, ne le dira jamais. Quelques routes nouvelles, quelques institutions et quelques lois, deux ou trois canaux, un certain nombre de monumens utiles, des victoires et des conquêtes dues à des torrens de sang ; une puissance colossale, mais éphémère, un système de politique gigantesque et faux, suivi avec autant d'obstination que d'extravagance, tout cela ne fera point accorder, par l'impartiale postérité, le beau nom de Grand homme, à celui dont toute la tactique guerrière fut de *foncer, tête baissée,* avec ses masses, sur

3

les *colonnes ennemies*, qui en moissonnoient la moitié; d'avancer toujours par l'effet de sa supériorité numérique, et de vaincre, comme on l'a dit, à coups de *générations;* à celui qui ne sut pas *faire une retraite*, et qui, deux fois, perdit tout le matériel et presque tout le personnel de son armée, parce qu'il avait été battu; à celui qui, après maints sermens solennels de ne laisser arriver les ennemis à Paris, qu'en passant sur son corps, ne sut pas même mourir, quand il eut tout laissé prendre, et préféra, comme un lâche, six millions de rente dans une île, à l'exécution de sa parole; à celui qui, dans ses *bulletins-carmagnoles*, tissu abject d'imposture et de bêtise, se délectoit à rendre *les beaux effets des flammes de Smolensk par une belle nuit d'été* (le Moniteur est là) : ou *l'océan de celles de Moscou*, ou *la chasse que l'on faisait des corps prussiens* après leur désastre d'Iéna, ou *le massacre à coups de sabre de quelques Anglais isolés* en Espagne, du côté de Talavéra; à celui enfin, qui assassina d'Enghien, étrangla Pichegru, immola Moreau, tortura le Pape, précipita du trône, par la plus atroce perfidie, l'Electeur de Hesse, la Reine d'Etrurie, les Rois d'Espagne, et par la plus odieuse violence, dix autres souverains aussi malheureux, pour mettre à leurs places les membres de sa famille, au prix de six millions d'hommes enterrés sur tous les points de l'Europe éplorée. Que tant de crimes et d'horreurs aient été décorés du prestige éclatant d'une certaine gloire militaire, il n'importe : ce n'est pas là la vraie gloire, la gloire des vrais Héros, des vrais Grands hommes; c'est celle des Bajazet, des brigands de sa sorte; et la cage de fer qui vengea Constantinople et la Grèce des fureurs sanguinaires du Musulman, aurait dû venger l'Europe entière des fureurs aussi sanguinaires et bien plus prolongées du Corse.

Vous dites qu'en traitant ainsi votre idole, ce n'est pas le moyen de vous la faire oublier; qu'il faudrait vous *ramener*, vous *ramener doucement*, au lieu de vous aigrir, en flétrissant ainsi l'objet de votre amour; eh ! que m'importent et votre amour, et votre aigreur, et votre idole? Son règne est passé; il est passé sans retour, ainsi que le vôtre : celui des gens honnêtes, paisibles, bons et affectionnés à leurs Bourbons, a recommencé pour ne plus cesser. La force irré-sistible des événemens voulus par l'Eternel, vous soumet à leur loi; quatorze ans j'ai courbé la tête sous le joug avilissant du despote; quatorze ans j'ai rongé mon frein, en abhorrant l'oppresseur, et en gémissant avec tous les opprimés : c'est aujourd'hui votre tour de ronger le vôtre, avec cette différence, que, sauf la contrariété politique qui fait votre tourment, tous les jours de votre vie s'écouleront dans la paix, le bonheur et la plus douce liberté, sous le règne du plus généreux des Rois; tandis que, sous celui de votre maître, *existence et servitude infâme* étaient inséparables. Du reste, je ne me soucie

nullement de vous *ramener*, de vous changer ;
je dis plus, tout individu, quel qu'il soit, qui
peut, dans son cœur, ou aimer, excuser et défendre votre Corse, ou ne pas chérir, admirer
et préconiser nos Bourbons, est un être jugé
pour moi ; ni mon amitié, ni mon estime , ne
saurait être son partage, et je ne chercherais pas
plus à le *ramener* que vous : comment pour-
rais-je tenir à vous ramener vous-mêmes ?

Restent les *censeurs folliculaires* dans un sens
d'opposition , à la manière anglaise ; mais ma
plume lassée n'a plus le courage de réfuter les
subalternes après les Coryphées : d'ailleurs, je
n'ai parlé d'eux que par occasion ; il n'entrait
point dans mon plan de les combattre, et j'en
laisse le soin à ceux qui, plus calmes que moi au
milieu de tout ce qui s'écrit et surtout se dit,
raisonnent et discutent de sang froid sur tous les
sujets : pour moi je n'ai pas le bonheur d'être
ainsi constitué ; je sens vivement, trop vivement
peut-être, et j'écris de même. J'étais indigné ,
j'avais droit de l'être ; mon style a dû se res sentir
de mon indignation. Maintenant que j'ai satis-
fait le besoin de mon cœur, je pose la plume, et
termine cet écrit par le vœu le plus ardent de
tous les bons Français :

Puisse le Dieu protecteur de notre patrie , si
long-temps déchirée par les Factions et les Tyrans,
consommer l'œuvre si bien commencé de sa
justice et de sa bonté, en maintenant à jamais
sur le trône la famille adorée de nos Bourbons !

Qu'il nous conserve long-temps notre bon Roi, notre Louis XVIII, ce frère si généreux, si aimable du céleste Louis XVI ! Qu'il nous conserve long-temps les successeurs d'un si digne Monarque ! Qu'il nous conserve, surtout, cet ange de paix, de douceur et de bonheur, cette princesse unique et incomparable, pour ses vertus éclatantes comme pour ses malheurs inouïs; fille de nos Rois, nièce de nos Rois, nièce et belle-fille du frère de notre Roi, enfin, suivant le cours ordinaire de la nature, Dauphine et Reine future de notre France ; et pour qu'il ne manque rien à notre bonheur, qu'il accorde bientôt aux instances et au besoin des Français qui l'implorent, un ou deux petits-fils de Louis XVI, par son auguste fille !

A S. M. Louis XVIII, Roi de France et de Navarre.

Sire,

Prosterné aux pieds de Votre Majesté, je soussigné, etc., honoré de la décoration du Lys, par l'auguste main de V. M. pour récompense d'un opuscule en vers, composé par moi à l'aurore des événemens heureux qui ont rendu les Bourbons à l'amour des Français, supplie humblement V. M., de daigner entendre avec la bonté céleste qui la caractérise, la demande que je viens lui faire.

Je touche à la fin de ma quarantième année ; je suis veuf avec un fils unique ; j'ai de mon patrimoine un revenu honnête, et qui m'assure une existence heureuse, parce que je n'ai ni ambition ni luxe ; depuis vingt ans je vis obscur et solitaire dans l'étude du cabinet, presque toujours occupé de littérature ou d'éducation ; j'ose me croire quelques moyens ; rien au monde ne m'en eût fait offrir l'emploi au brigand couronné, dont le règne exécrable n'est plus ; je brûle au contraire du désir de les consacrer au service d'un Roi que j'idolâtre ; il faut bien que ce soit ce désir-là seul qui m'anime, puisque je suis audessus du besoin, et que je vis très-heureux sans place ; j'ajoute, sans crainte d'être démenti par l'épreuve, que j'ai une fermeté de caractère, qui compterait mille vies pour rien, s'il s'agissait de devoir, d'honneur et du bien de mon souverain ; je ne souhaite, je n'ambitionne que le bonheur d'être utile à mon prince dans un poste quelconque, *ad honores*, sans émolumens, qui me mette à même de déployer mon dévouement absolu, et qui soit seulement assorti à mes goûts, ainsi qu'à mes faibles talens. Je ne connais à la Cour personne qui daigne me protéger auprès de V. M. ; fort de ma conscience et du louable mobile qui me fait agir, je me présente seul au pied de votre trône, et j'y réclame à genoux l'éclatante faveur, d'être employé dans une fonction quelconque pour le service des Bourbons, et d'une manière qui offre peu ou point de salaire, et beaucoup de travail et d'occupation.

Si ma supplique ne peut être favorisée d'aucune concession, qu'il me soit au moins, Sire, permis d'espérer que Votre Majesté daignera voir d'un œil d'indulgence une démarche, que mon amour exalté pour mon Roi et les Bourbons, mon zèle ardent pour leur service, et mon désir effréné de m'en faire distinguer, ont pu seuls déterminer.

J'ai l'honneur d'être avec l'amour filial le plus passionné, le respect le plus profond, la vénération la plus grande, le dévouement le plus absolu,

De Votre Majesté, Sire,

Le très-humble, très-obéissant, très-soumis et très-fidèle serviteur et sujet,

J. B.

A Milord Wellington, Ambassadeur anglais.

Illustre et incomparable Lord,

Que Votre Grâce pardonne cette petite importunité épistolaire à un Français, enthousiaste admirateur de votre personne et surtout de vos vertus. Depuis dix ans que l'Europe retentit du bruit de votre nom, de vos exploits, de vos talens militaires qui n'ont rien de comparable dans ce siècle, de votre bonté d'âme que notre grand Turenne semble vous avoir transmise, enfin de votre modestie peut-être unique au monde au milieu de tant de triomphes et de gloire ; depuis dix ans que je lis et dévore partout les moindres lignes, qui, échappées à la sombre inquisition de l'envieux Attila-Corse, peignaient à l'humanité un de ses plus beaux ornemens, je n'ai jamais formé de vœu plus ardent au fond de mon cœur, que de pouvoir un jour vous approcher, vous contempler, entendre un seul mot de vous, et dire ensuite : J'ai vu de près Wellington.

Votre Grâce est actuellement à Paris, représentant son souverain auprès de nos Bourbons adorés, dont votre bras libérateur des Espagnes avait préparé le rétablissement. J'habite aussi cette capitale, et je vois luire pour moi, sinon l'espérance, du moins la possibilité de satisfaire mon vif désir Serait-ce trop présumer de la bonté, de l'indulgence aimable de Votre Grâce, que d'en espérer une si flatteuse distinction ? L'importance du prix que j'y attache ne pourrait se comparer qu'à celle du personnage illustre auquel je m'adresse, et la distance de lui à moi est si grande, qu'elle rendrait déplacée cette comparaison. Je n'ai donc aucune raison à faire valoir à l'appui de mon humble demande, et je ne pourrai jamais regarder que comme une grâce insigne, l'obtention de cette demande, si j'ai le bonheur de la voir accueillie. Dans l'hypothèse contraire, je saurai me rendre justice, me tenir à ma place, et voir toujours milord Wellington avec les yeux du respect et de l'admiration.

Que Votre Grâce daigne au moins, Milord, agréer l'hommage du petit opuscule, que j'ose lui adresser, que la présence des Rois alliés, nous rendant nos Bourbons, me fit composer presque d'inspiration, et qui doit prouver à Milord la sincérité de mes sentimens pour lui, puisque deux fois, sans penser qu'il dût jamais habiter le même séjour que moi, j'éprouvai le besoin de le louer ainsi que sa noble nation.

C'est dans l'espoir de voir cet hommage agréé, que je demeure avec le plus profond respect et la plus haute estime qui fût jamais,

De Votre Grâce, Milord,

Le très-humble et très-obéissant serviteur et admirateur,